MW01258627

RIVALES DE LA COPA MUNDIAL

MÉXICO
VS.
ESTADOS UNIDOS

por Jules Allen

CAPSTONE PRESS
a capstone imprint

Publicado por Spark, una marca de Capstone
1710 Roe Crest Drive, North Mankato, Minnesota 56003
capstonepub.com

Los datos de catalogación del la Biblioteca de Congreso previos a la
publicación se encuentran disponibles en el sitio web de la Biblioteca del
Congreso.
ISBN: 9781669066323 (tapa dura)
ISBN: 9781669066316 (libro electrónico PDF)

Resumen: Las selecciones nacionales de fútbol de México y Estados
Unidos mantienen una rivalidad desde hace décadas. ¿Qué llevó a estas
selecciones a convertirse en feroces competidores? ¿Cómo contribuye la
afición de ambos países a mantener esta rivalidad? El texto de fácil lectura
y las fantásticas imágenes describen partidos famosos y jugadores estrella.

Créditos editoriales
Editora: Erika L. Shores; Diseñadora: Dina Her; Investigadoras de medios:
Jo Miller y Pam Mitsakos; Especialista de producción: Tori Abraham

Créditos fotográficos
Alamy: REUTERS, 5, 17, 21, 26; Getty Images: Bettmann, 10, Bongarts,
25, Brian Bahr, 19, Doug Pensinger, 13, GREG WOOD, 7, Staff, 14, 24,
vm, 23; Newscom: Thurman James/Cal Sport Media, 29; Shutterstock:
averych, portada (cancha), charnsitr, portada (bandera de EE UU), Heide
Pinkall, 22, JTKPHOTO, 12, Lightboxx, 8, Magi Bagi, portada (bandera
de México), Maxx-Studio, 11, Milos kontic, portada (izquierda), tsaplia,
portada (derecha), tuulijumala, portada, (luces), vectorlaboratory, portada,
1, (balón)

Elementos de diseño: Shutterstock: huangyailah488, Ursa Major

Printed and bound in the USA. PO 5626

TABLA DE CONTENIDO

Las palabras en NEGRITA están en el glosario.

VECINOS RIVALES

Claudio Reyna, jugador de EE. UU. corría cancha abajo con el balón. Hizo un **pase cruzado** desde el lado derecho. Otro jugador de EE. UU. dio otro pase. Brian McBride lo disparó hacia la portería. ¡Gol! Estados Unidos ganaba 1-0.

Era la Copa Mundial de 2002. Jugaban las selecciones nacionales de fútbol masculino de EE. UU. y México. El vencedor iría a los cuartos de final.

México tenía un muy buen equipo. Pocos pensaban que la selección estadounidense ganaría. México jugó bien. Hicieron muchos tiros al arco.

Llegó el minuto 65. Un jugador de EE. UU. hizo un pase cruzado hacia la portería de México. Landon Donovan marcó un gol de cabezazo. Ahora, EE. UU. ganaba 2-0.

¿SABÍAS?

La Copa Mundial tiene lugar cada cuatro años.
Cada vez se celebra en un país diferente.

No hubo más goles. La selección de
EE. UU. ganó. La afición estadounidense
estaba encantada.

México y Estados Unidos tienen una
rivalidad en el fútbol. Los partidos son
emocionantes. A los aficionados les importa
mucho. Los medios los cubren con atención.Las
selecciones se han enfrentado más de 70 veces.

México y EE. UU. se enfrentaron por primera vez en 1934. EE. UU. ganó 4-2. Fue en una **eliminatoria** para la Copa Mundial.

El equipo de EE. UU. en un partido de la Copa Mundial de 1934

Hay seis regiones en el mundo que albergan torneos eliminatorios. Los vencedores ganan un lugar en la Copa Mundial. 211 equipos compiten por 32 lugares. México y EE. UU. forman parte de la región llamada CONCACAF.

REINA MÉXICO

México tuvo un equipo mejor durante muchos años. Entre 1935 y 1980 no perdió nunca ante EE. UU. Le ganaba muchas veces a EE. UU. en las eliminatorias para la Copa Mundial.

El fútbol era menos popular en EE. UU. Tenían un equipo más débil hasta la década de los 90. Desde entonces se hizo más popular.

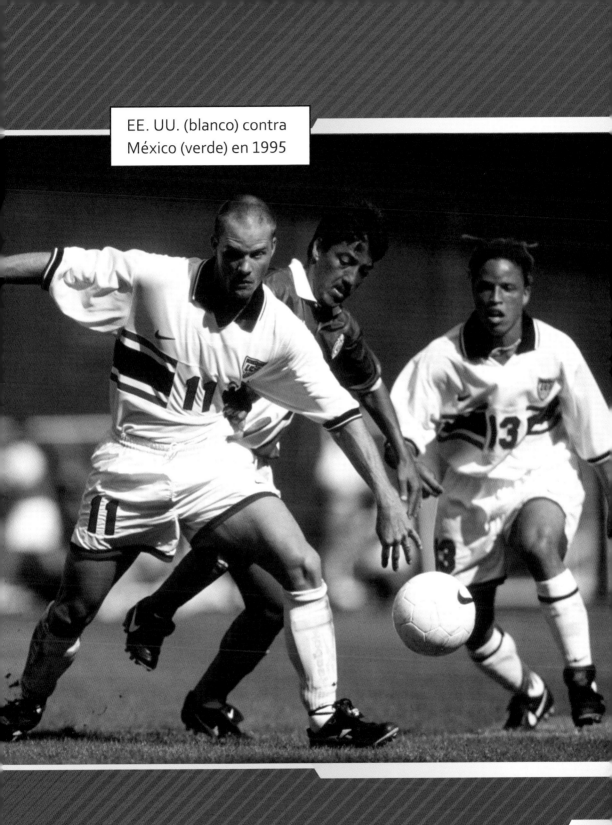

EE. UU. (blanco) contra
México (verde) en 1995

Pablo Larios de México atrapa el balón durante los cuartos de final de la Copa Mundial de 1986.

México ha ido a la Copa Mundial 16 veces. Se han clasificado para todos los Mundiales desde 1994. Llegaron dos veces a los cuartos de final.

EE. UU. ha ido a la Copa Mundial diez veces. Ganaron el tercer lugar en 1930. Derrotar a México en 2002 fue un chute de energía para los aficionados de EE. UU.

VICTORIA EN LA COPA MUNDIAL

La región CONCACAF también alberga torneos. El más grande se llama la Copa de Oro. Empezó en 1991 y tiene lugar cada dos años.

EE. UU. ha ganado la Copa de Oro siete veces. México la ha ganado ocho veces. Son el mejor equipo de la CONCACAF.

¿SABÍAS?

Dieciséis equipos compiten para la Copa de Oro.

Pavel Pardo, de México, con el
trofeo de la Copa de Oro en 2003

La afición de EE. UU. canta "¡dos a cero!", en español, en los partidos. Muchos partidos entre México y EE. UU. han terminado con ese marcador.

Una ocasión fue en 1991 en la primera Copa de Oro. Los equipos se enfrentaron en las semifinales. EE. UU. ganó con dos emocionantes goles. Fue entonces cuando empezó el famoso canto.

DOS A CERO

El canto "dos a cero" se hizo más conocido en 2002. EE. UU. ganó 2-0 en la Copa Mundial de 2002. El mundo vio que ahora era un equipo fuerte.

En 2009, EE. UU. venció a México en las eliminatorias para la Copa Mundial. La afición gritaba el cántico de nuevo. Algunas personas consideran que la rivalidad se llama "Dos a Cero".

EE. UU. (blanco) contra
México (verde) en 2009

A veces México y EE. UU. juegan partidos **amistosos**. Estos partidos no forman parte de ningún torneo. Igualmente, los aficionados y los medios los siguen con atención.

El partido de mayor puntaje en esta

rivalidad fue un amistoso. Ocurrió en 1937.

México ganó 7-3.

ESTRELLAS DE LA RIVALIDAD

Los dos equipos han contado con jugadores estrella. Hugo Sánchez es el mejor jugador mexicano de la historia. Metió más de 500 goles durante su carrera.

Sánchez participó en tres Copas Mundiales. Jugó en la selección de 1986 cuando llegó a los cuartos de final. Sánchez es famoso por la manera en que celebraba sus goles. A menudo hacía una voltereta hacia atrás después de marcar.

Landon Donovan

Landon Donovan es el mejor jugador estadounidense de la historia. Metió un total de cinco goles en partidos de la Copa Mundial. El gol que metió contra México en 2002 lo convirtió en estrella.

Donovan ayudó al equipo de EE. UU. a ganar muchos partidos importantes. Uno de sus goles impulsó el triunfo ante Argelia en la Copa Mundial de 2010. EE. UU. ganó 1-0. Donovan metió el gol en el último segundo.

México ha tenido muy buen equipo desde hace mucho tiempo. EE. UU. le ha alcanzado en los últimos 30 años. EE. UU. ganó la final de la Copa de Oro contra México en 2021.

Los dos equipos se esfuerzan mucho. Los partidos de la rivalidad siempre son emocionantes. Los aficionados ansían ver más victorias en la Copa Mundial en el futuro.

Los jugadores de EE. UU. celebran su victoria en la Copa de Oro de 2021

GLOSARIO

amistoso—en el fútbol, un partido que no cuenta para ningún premio

eliminatorias—una etapa en que los competidores tratan de ganar su lugar en el evento principal

pase cruzado—un pase desde los lados que puede resultar en un tiro a la portería

rivalidad—un sentimiento de competencia feroz entre dos grupos durante un periodo largo de tiempo

LEE MÁS

Hellebuyck, Adam, and Laura Deimel. *FIFA World Cup*. Ann Arbor, MI: Cherry Lake Publishing, 2020.

Luke, Andrew. *Making the Final 32*. Philadelphia: Mason Crest, 2018.

Omoth, Tyler. *The World Cup*. North Mankato, MN: Capstone Press, 2019.

SITIOS WEB

FIFA World Cup
fifa.com/tournaments/mens/worldcup

Mexico
espn.com/soccer/team/_/id/203/mexico

U.S. Men's National Team
ussoccer.com/teams/usmnt

ÍNDICE

SOBRE LA AUTORA

Jules Allen es una editora y autora de libros infantiles
que vive en Minneapolis. Le encantan los deportes,
el arte, los libros de todo tipo y los perros pequeños.